Inhalt

Gesamtbanksteuerung - im Spannungsfeld zwischen regulatorischer und ökonomischer Risikoermittlung

Gesamtbanksteuerung - im Spannungsfeld zwischen regulatorischer und ökonomischer Risikoermittlung

Autor GENIOS BranchenWissen: G.Dengl

Kernthesen

- Die Bankenaufsicht verpflichtet Banken dazu, das Gesamtbankrisiko zu ermitteln und dafür Eigenkapital in bestimmter Höhe vorzuhalten (regulatorisches Kapital).
- Seit jeher ermitteln Banken ihr Risiko auch intern aufgrund ihrer individuellen Geschäftserfahrungen. Das so ermittelte

ökonomische Kapital oder Risikokapital dient der risikoadjustierten Rentabilitätssteuerung.

- Die beiden Sichtweisen haben bisher parallel nebeneinander existiert. Durch Basel II und die Überarbeitung der Risikomanagementsysteme geht ein starker Impuls zur Konvergenz dieser beiden Sichtweisen aus.

Beitrag

Banken sehen sich aktuell mit externen (regulatorischen) und internen (ökonomischen) Kapital- und Risikomessverfahren konfrontiert. Basel II gibt einen starken Anreiz zur Angleichung dieser bisher unterschiedlichen Sichtweisen.

Unter Gesamtbanksteuerung versteht man einen Steuerungsansatz, bei dem zunächst das Gesamtbankrisiko ermittelt wird, dass sich aus verschiedenen Teilrisiken zusammensetzt. Auf jeden Fall werden gemessen:
- Marktrisiko
- Adressrisiko

- operationelles Risiko (4)

Weitere Risiken, die häufig gemessen werden, sind darüber hinaus:
- Geschäftsrisiko
- strategisches Risiko
- Liquiditätsrisiko (7)

Regulatorische und ökonomische Ermittlung des Gesamtbankrisikos

Die Risiken werden, je Risikokategorie, zunächst für die Bank als Ganzes erhoben und gemessen. Dann werden die Risikoarten aggregiert und es wird ein Gesamtbankrisiko ermittelt.

Für die Ermittlung des Gesamtbankrisikos gibt es verschiedene Möglichkeiten. Die Bundesanstalt für Finanzdienstleistungsaufsicht (BaFin) schreibt mit Basel II und den daraus folgenden deutschen Gesetzestexten (Solvabilitätsverordnung, MaRisk) vor, wie das Gesamtbankrisiko zu berechnen und an die Aufsicht zu melden ist. Diese aufsichtsrechtliche Berechnungssystematik führt zum regulatorischen Kapital.

Jede Bank verfügt daneben über ein internes Risikomanagement, das zur Ermittlung der Einzel- sowie des Gesamtbankrisikos nicht den allgemeinen

Regeln der Aufsicht folgt, sondern auf bankspezifischen Erfahrungen beruht. Der so ermittelte Kapitalbedarf nennt sich ökonomisches Kapital oder Risikokapital.

Unabhängig davon, ob es sich um regulatorisches oder ökonomisches Kapital handelt, drückt das Gesamtbankrisiko aus, welches Kapital im Verlustfall theoretisch benötigt wird, um die Bank vor dem Ruin zu bewahren. Aus Sicht der Aufsicht, muss Eigenkapital in Höhe des regulatorischen Kapitals vorgehalten werden. [1]

Spannungsverhältnis zwischen externer und interner Kapitalermittlung

Das ökonomische Kapital und das regulatorische Kapital stehen in einem Spannungsverhältnis, denn sie spiegeln jeweils eine andere Sicht auf ein und dasselbe Risiko wider.

Dieser Unterschied erklärt sich daraus, dass Aufsicht und Bankmanagement jeweils andere Interessen mit der Ermittlung des Risikos verfolgen. Die Aufsicht möchte landesweit alle Banken hinsichtlich deren eingegangener Risiken vergleichen können, und definiert deshalb ein allgemeines Schema, das nicht alle Feinheiten jedes Instituts berücksichtigen kann. Im Vordergrund steht die Stabilität des gesamten Finanzsystems.

Das Bankmanagement möchte die Bank unter Risiko-Rendite-Gesichtspunkten möglichst profitabel steuern. Im Vordergrund stehen Wirtschaftlichkeitsaspekte und eine möglichst genaue Quantifizierung des Risikos.

Zwar wünscht sich die Aufsicht, dass sich interne und externe Risikomessverfahren einander annähern, doch wird sich dieser Wunsch nur schwer erfüllen lassen, da die externe Sicht immer etwas allgemeiner und gröber bleiben muss. (8)

Aggregation der Risikoarten problematisch

Der beste Weg zur Aggregation der einzelnen Risiken hin zu einem Gesamtbankrisiko ist in vielerlei Hinsicht noch umstritten. Dies rührt aus der unterschiedlichen Art der Risiken und den nicht sicher bestimmbaren Korrelationseffekten.

Einerseits wird bereits bei der Messung der Risiken der betrachtete Zeitraum unterschiedlich sein, d.h. das Kreditrisiko wird typischerweise auf ein Jahr

ermittelt, das Marktrisiko hingegen auf einen oder auf zehn Tage. Jede Bank muss für sich entscheiden, wie sie diese beiden Risiken aggregieren will. Derzeit gewinnt als mathematisches Verfahren die Aggregation über Copulas immer mehr an Bedeutung. (1)
Andererseits gibt es sicher Korrelationseffekte zwischen den Risikoarten. Diese können nur schwer überhaupt gemessen werden, und es ist keinesfalls gesagt, dass diese Korrelationsbeziehungen über die Zeit stabil bleiben. Hier muss in der Praxis häufig mit Annahmen gearbeitet werden.

Herunterbrechen des Gesamtbankrisikos auf die einzelnen Geschäftsbereiche

Für Steuerungszwecke ist es jedoch notwendig, den einen Block an Risikokapital den verschiedenen Geschäftsbereichen zuzuweisen. Dazu muss das individuelle Risikoprofil jedes Geschäftsbereichs zunächst ermittelt werden. Der Wertpapierhandel ist beispielsweise stark dem Marktrisiko ausgesetzt, der Kreditbereich dagegen zunächst dem Adressrisiko aber über die Zinsen auch wieder dem Marktrisiko;

innerhalb des Kreditbereichs wiederum gibt es Bereiche wie die Baufinanzierung mit verhältnismäßig geringem Risiko und andere Bereiche, wie die Absatzfinanzierung (höhere Ausfallraten) mit deutlich höherem Risiko. Je höher das Risiko, desto mehr Bedarf an Risikokapital hat ein Bereich.

Für jeden Geschäftsbereich muss ein Risiko-Ertrags-Profil ermittelt werden

Ausschlaggebend für die Allokation von Risikokapital ist allerdings nicht nur das Risiko eines Bereiches, sondern auch den Ergebnisbeitrag den ein Bereich erwirtschaftet. Hier kommt es insbesondere darauf an den risikoadjustierten Ergebnisbeitrag zu ermitteln. Ist dies geschehen, dann kann jeder Bereich einer Bank in einem Ertrags-Risikodiagramm abgetragen werden und das Kapital kann gezielt in Bereiche geleitet werden, die eine hohe risikoadjustierte Rendite versprechen.
Betroffen sind davon natürlich nur Bereiche, die auch wirklich am Markt agieren und einen Ertrag erwirtschaften können, also z.B. nicht die

Personalabteilung.

Geht man noch einen Schritt weiter, so muss genau genommen nicht nur der risikoadjustierte Ergebnisbeitrag ermittelt werden, sondern es muss der Beitrag jedes einzelnen Geschäftes zum Gesamtportfolio ermittelt werden. Diese praxisferne Forderung führt dazu, dass rein theoretisch, vor Abschluss eines Kreditvertrages, das gesamte bereits existierende Portfolio bewertet werden müsste, um den marginalen Beitrag des nächsten Geschäftes zu ermitteln. (1)

Steuerung über Limit-Allokation

Die Steuerung selbst erfolgt über die Zuweisung von Limits für jeden Geschäftsbereich. Ausgestaltet ist dies beispielsweise über Kreditlimite bei der Kreditvergabe oder über tägliche Verlustlimite in den Handelsabteilungen. Analog zum Herunterbrechen des Risikokapitals auf die einzelnen Bereiche kann auch das Gesamtbanklimit nur über komplexe Verteilungsalgorithmen genau zugeordnet werden. In der Praxis dominieren dagegen gröbere Verfahren. (10)

Wertorientierte Geschäftsbereichsrechnung

Gelingt die verursachungsgerechte Zuordnung von Kosten, Erträgen, Risiken und Eigenkapitalbedarf auf die einzelnen Geschäftsbereiche, im Idealfall auf jedes einzelne Geschäft, dann ist der Weg frei für die wertorientierte Geschäftsbereichssteuerung. Dies ist derzeit aber lediglich bei den Großbanken durchgängig etabliert.

Basel II als Katalysator für die Konvergenz interner und externer Kapitalberichterstattung

Durch die notwendig gewordene Umsetzung von Basel II sind in den Instituten bereits immense Kosten angefallen. Während kleinere Institute sich in der Mehrzahl für den Standardansatz entscheiden, gehen viele große Institute mit maßgeblichen Teilen des Portfolios in einen IRB-Ansatz; zumeist wird der Basis-IRBA gewählt, mit der Option, später auf den fortgeschrittenen IRBA zu wechseln.
Eine aktuelle Studie von IBM hat jedoch gezeigt, dass

es unter Kosten-Nutzen-Aspekten oft nicht sinnvoll ist, den Basis-IRBA zu wählen. Im Vergleich zum Standardansatz steigen die Implementierungskosten gewaltig an: die DV-seitig und prozessuale Implementierung eines internes Ratingsystems, dessen Validierung, sowie die Schaffung einer geeigneten Datenhaltung zählen zu den wichtigsten Kostentreibern. Danach kommen die Etablierung des aufsichtskonformen Sicherheitenmanagements sowie die Ausfalldatensammlung.

Dem gegenüber steht die Kapitalentlastung, die durch die Anwendung der IRB-Ansätze angestrebt wird. Wie sich herausstellte, ist die Kapitalentlastung bei Einsatz des Basis-IRBA um Einiges höher als erwartet; sie ist noch nicht einmal immer dem Standardansatz vorzuziehen. Das bedeutet, dass jede Bank, die schon einmal die Grundinvestition unternommen hat, die für einen IRB notwendig ist, sinnvoller weise so schnell wie möglich auf den fortgeschrittenen Ansatz wechselt, damit eine spürbare Kapitalentlastung eintritt. (2), (9)

Fallbeispiele

Herausforderung: Vor allem die IT-Umsetzung

Neben leistungsfähiges Data Warehouses, die vor allem die EDV-Kosten in die Höhe treiben, fallen besonders viele Kosten dort an, wo Prozesse verändert werden müssen. Wie sich bereits bei der Umsetzung von Basel II gezeigt hat, ist der Aufwand dafür immens, funktionierende Risikomanagementsysteme zu implementieren, auch wenn es jeweils nur um die Minimallösung geht. (6) Die Komplexität der bereits bestehenden Systemlandschaften wird durch Basel II weiter erhöht, denn es werden insbesondere Datenbanken benötigt, die die großen und noch weiter wachsenden Mengen an Informationen aufnehmen können, die für die internen Rating-Systeme benötigt werden, und zur Schätzung der Verlustquoten und Verlusthöhen.

Um diese Daten gleich mehrfach verwenden zu können, empfiehlt sich ein Schichtenmodell, wie es von KMPG vorgestellt wird. (5)

Weitere Synergien der Risikokapitalermittlung

Ein weiterer Synergieeffekt besteht für die Banken darin, die einmal gewonnen Erkenntnisse aus der Schätzung von Ausfallwahrscheinlichkeiten, Verlustquoten und Verlusthöhen auch in den internen Risikomanagementsystemen zu verwenden. Weiterhin besteht die Möglichkeit der Integration des ermittelten Risikos je Geschäft in die Vertriebssteuerung. Zum einen sollte ein risikoadäquater Preis ermittelt werden, zum andern muss sich das Anreizsystem für den Vertrieb am Risiko-Rendite-Profil des Geschäfts orientieren; reine Volumenziele gehören der Vergangenheit an. (2)

Zahlen & Fakten

Bestehende und neue Anforderungen an Gesamtbanksteuerung und interne/externe Ergebnis- und Risikoreports

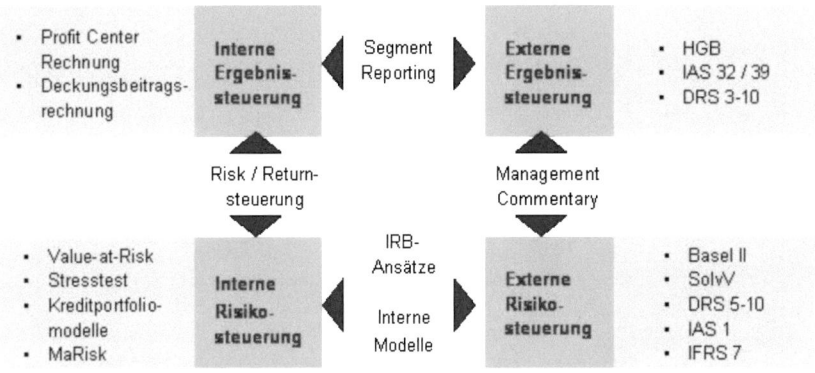

Quelle: ifb 2006

Entnommen aus: Die Bank, Heft 09/2006, S. 50-54 (3)

Weiterführende Literatur

(1) Ansätze zur Ermittlung des Gesamtbankrisikos
aus Zeitschrift für das gesamte Kreditwesen 13 vom
01.07.2006 Seite 667

(2) Basel II in Banken - Umsetzungsstatus und
Erfolgsfaktoren
aus Zeitschrift für das gesamte Kreditwesen Ausgabe
Technik 03 vom 01.07.2006

(3) Durchblick dank Integration
aus Die Bank, Heft 09/2006, S. 50-54

(4) Was heißt Operational Risk?
aus Bank und Markt 08 vom 01.08.2006 Seite 046

(5) Erfolgsfaktor IT-Architektur
aus Die Bank, Heft 08/2006, S. 70-75

(6) Basel II ist nicht nur ein Kostenfaktor
aus Bankmagazin, Heft 2006/07, S. 24-26

(7) MaRisk: Einbeziehung von Liquiditätsrisiken in
das Risikomanagement
aus Zeitschrift für das gesamte Kreditwesen 13 vom

01.07.2006 Seite 681

(8) Gesamtbanksteuerung - Wie weit sind die Banken und Sparkassen?
aus Zeitschrift für das gesamte Kreditwesen 13 vom 01.07.2006 Seite 660

(9) Aufsichtlicher Abnahmeprozess und Basel II als betriebswirtschaftliche Katalysatoren BaFin-Gütesiegel als werbliches Instrument nutzbar
aus Die SparkassenZeitung, 30.06.2006, Nr. 26, S. 18

(10) Risikotragfähigkeit - Sparkasse Holstein setzt Konzept um Leitplanke für die Gesamthausstrategie
aus Die SparkassenZeitung, 30.06.2006, Nr. 26, S. 17

Impressum

Gesamtbanksteuerung - im Spannungsfeld zwischen regulatorischer und ökonomischer Risikoermittlung

Bibliografische Information der deutschen Nationalbibliothek

Die Deutsche Nationalbibliothek verzeichnet diese Publikation in der deutschen Nationalbibliografie; detaillierte bibliografische Daten sind im Internet über http://dnb.d-nb.de abrufbar.

ISBN: 978-3-7379-2055-1

© 2015 GBI-Genios Deutsche Wirtschaftsdatenbank GmbH, Freischützstraße 96, 81927 München, www.genios.de

für auszugsweise Nachdrucke, fotomechanische Vervielfältigungen (Fotokopie/Mikroskopie), Übersetzungen, Auswertungen durch Datenbanken oder ähnliche Einrichtungen und die Einspeicherung und Verarbeitung in elektronischen Systemen.